Vente des Mercredi 27 et Jeudi 28 Février 1884,

HOTEL DROUOT, SALLE N° 8.

DESSINS ET AQUARELLES

DE L'ÉCOLE MODERNE

OBJETS D'ART ET DE CURIOSITÉ

VASES ANTIQUES GRECS EN TERRE PEINTE

STATUETTE DE TANAGRA — MONNAIES ET MÉDAILLES

FAÏENCES — BRONZES — OBJETS VARIÉS

PROVENANT EN GRANDE PARTIE

DE LA COLLECTION DE M. A...

EXPOSITION PUBLIQUE

LE MARDI 26 FÉVRIER 1884

De 1 heure à 5 heures.

COMMISSAIRE-PRISEUR

Me PAUL CHEVALLIER, 10, rue de la Grange-Batelière ;

EXPERTS

M. CHARLES MANNHEIM,

7, rue Saint-Georges ;

M. H. HOFFMANN | **M. E. FÉRAL, Peintre**

1, rue du Bac ; | 54, Faubourg-Montmartre.

IMPRIMERIE PILLET ET DUMOULIN
RUE DES GRANDS-AUGUSTINS, 5, A PARIS.

DESSINS
ET AQUARELLES
DE L'ÉCOLE MODERNE

CATALOGUE

DES

DESSINS ET AQUARELLES

DE L'ÉCOLE MODERNE

Par Eug. Delacroix, Th. Rousseau, J.-F. Millet, H. Daumier,
Gavarni, Géricault, Harpignies, Roybet, Vollon, etc.

OBJETS D'ART ET DE CURIOSITÉ

SUITE INTÉRESSANTE DE VASES ANTIQUES GRECS EN TERRE PEINTE

STATUETTES DE TANAGRA

MÉDAILLES

Faïences italiennes, hispano-moresques, de Delft,
de Nevers, de Rouen et autres; Bronzes; Objets variés.

Provenant en grande partie de la Collection de M. A...

DONT LA VENTE AURA LIEU

HOTEL DROUOT, SALLE Nº 8

Les Mercredi 27 et Jeudi 28 Février 1884,

À deux heures.

COMMISSAIRE-PRISEUR :

Mᵉ PAUL CHEVALLIER, 10, rue de la Grange-Batelière,

EXPERTS :

M. CHARLES MANNHEIM,
7, rue Saint-Georges,

M. H. HOFFMANN | M. E. FÉRAL
1, rue du Bac, | 54, Faubourg-Montmartre,

Chez lesquels se trouve le présent Catalogue.

EXPOSITION PUBLIQUE, le Mardi 26 Février 1884

De une heure à cinq heures.

CONDITIONS DE LA VENTE

La vente sera faite au comptant.

Les acquéreurs payeront *cinq pour cent* en sus des enchères applicables aux frais.

L'exposition mettant le public à même de se rendre compte de l'état des objets, il ne sera admis aucune réclamation une fois l'adjudication prononcée.

Paris. — Typ. Pillet et Dumoulin, 5, rue des Grands-Augustins.

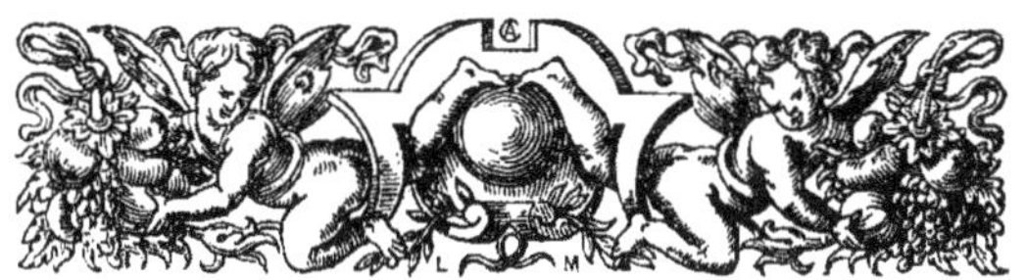

DÉSIGNATION

ANTIQUITÉS GRECQUES

I. VASES PEINTS

Vases à figures noires sur fond rouge.

1 — Grande hydrie à trois anses. Panse divisée en
deux registres au moyen d'une frise de palmettes
et de feuilles de papyrus. Registre supérieur : Trois
hommes barbus et drapés, armés de lances, entre
deux coqs, deux oiseaux à têtes de femme et deux
cygnes. Registre inférieur : Lions et bouquetins.
Bordure de palmettes autour du col. — Rehauts
blancs et pourpres. — Ancien style.

Haut., 41 cent.

2 — Kanthare à une seule anse. Sujet : *Épisode de
la guerre de Troie.* Un guerrier nu, coiffé d'un
casque à cimier blanc et armé d'un bouclier rond
(*épisème* : un T), combat un guerrier monté

dans un quadrige ; plus loin, un hoplite tombe
sous les coups de lance de deux autres hoplites ;
puis un aurige, vêtu d'une longue tunique blanche,
est attaqué par un guerrier dont le bouclier a la
lettre H pour épisème. Monomachie de deux
hoplites (*épisème*, un N rétrograde) près du ca-
davre d'un troisième. Enfin, un guerrier tué par
un combattant qui marche derrière son quadrige.
— Rehauts blancs et pourpres.

Haut. avec l'anse surélevée, 29 cent.

3 — Amphore. *Athéné séparant deux combattants*.
La déesse, vêtue d'un chiton quadrillé, est armée
de l'égide et d'une lance qu'elle tient horizontale-
ment. Elle a le bras gauche levé. L'un des guer-
riers porte un bouclier échancré ; l'autre un bouclier rond, ayant une protome de lion pour
épisème.

℞ *Hercule étreignant le Triton*. Le héros est
coiffé d'une peau de lion, le Triton est couronné
de feuillage. — Rehauts blancs et pourpres.

Style sévère de l'époque archaïque.

Haut., 39 cent.

4 — Amphore. *Hercule luttant avec Achélous*, en
présence d'Athéné et d'un vieillard. Achélous a la
forme d'un taureau à face humaine. Un carquois,
un glaive et une chlamyde sont suspendus dans le
champ.

℞ Jeune cavalier à gauche, armé de deux lances. Devant, un vieillard assis sur un pliant ; derrière, un homme barbu, armé d'une haste. — Palmettes autour des anses. — Rehauts blancs et pourpres. Même style.

Haut., 41 cent.

5 — Petite amphore. *Achille et Ajax jouant aux dames.* Ils sont nu-tête, armés de lances et assis chacun sur une pierre. Derrière eux, leurs casques et leurs boucliers ; dans le haut, un oiseau au vol, à gauche.

℞ *Hercule et le Centaure.* Hercule, armé d'un glaive, a saisi le bras droit du Centaure qui retourne la tête vers son agresseur. Derrière le groupe, un vieillard drapé, appuyé sur une haste ; et sur le second plan, une femme voilée, Déjanire. — Rehauts blancs et pourpres. — Graffite sous le pied.

Haut., 22 cent.

6 — Lécythe. *Hercule étreignant le lion de Némée,* en présence d'Hermès assis, tenant son caducée et d'Iolaos qui porte la massue du héros. Dans le champ, cep de vigne et carquois et chlamyde suspendus.

Haut., 20 cent.

7 — Lécythe. *Achille traînant le corps d'Hector autour des murs de Troie.* Hoplite (*épisème : scor-*

pion) dans un char attelé de quatre chevaux et
conduit par un aurige. Le corps d'Hector, attaché
au char, est nu ; derrière lui s'élève un tumulus,
peint en blanc, et sur lequel est agenouillé l'*idolon*
(l'âme) du mort, armé de toutes pièces. Devant le
quadrige, deux autres hoplites.

Haut., 19 cent.

8 — Lécythe. Dionysos barbu, assis sur un pliant et
tenant une corne à boire. Il est entouré de deux
Bacchantes dansant et d'un Satyre qui tient égale-
ment une corne à boire.

Haut., 19 cent.

9 — Petite amphore. Sujet : Deux Amazones combattant deux hoplites grecs. Au revers, un quadrige.

Haut., 15 cent.

10 — Lécythe à deux registres. Hercule nu et imberbe,
armé d'un glaive et poursuivant un Centaure, en
présence de trois femmes drapées. Dans le haut,
un cerf entre deux lionnes. — Rehauts pourpres.
Style archaïque.

Haut., 16 cent.

11 — Oenochoé à tableau. Archer asiatique, debout
et tirant de l'arc, derrière un hoplite agenouillé à
gauche (*épisème : triquètre*).

Haut., 25 cent.

12 — Autre. Dionysos barbu, assis sur un mulet ithy-
phallique et entouré de deux satyres dansant.

Haut., 25 cent.

13 — Coupe. A l'intérieur, un Satyre agenouillé (mé-
daillon). A l'extérieur, entre deux grands yeux
prophylactiques, Dionysos et un Satyre. Le dieu
est barbu, drapé et tient une corne à boire ; plus
loin, deux autres Satyres. Ce sujet se répète deux
fois. Sous chaque anse une feuille de lierre, et sur
le pied un graffite.

Diam., 22 cent.

14 — Danse de quatre Satyres et d'une Bacchante
drapée. Rehauts blancs. — Ancien style.

Diam., 14 cent.

15 — Petite amphore à fond blanc. *Thésée tuant le
Minotaure*, en présence de deux femmes.

℞ Dionysos tenant un rhyton, entre deux Satyres
dansant.

Haut., 19 cent.

16 — Autre. Joueuse de double flûte, assise sur une
kliné entre deux Satyres dansant.

℞ Krotalistria assise sur une kliné, devant un

jeune homme conduisant un mulet. Au second plan, un cep de vigne et une écharpe suspendue.

Haut. 20 cent.

Vases à figures rouges sur fond noir.

17 — Scyphus. De chaque côté, une chouette entre deux brànches d'olivier.

Haut., 0.084 mill.

18 — Autre; même sujet.

Haut., 0.081 mill.

19 — Scyphus à deux anses ornées de mascarons de Silènes en relief. Sujet : Satyre reculant avec effroi devant une tête de femme colossale qui sort de terre.

℞ Phrixus assis sur le bélier.

Haut., 0 1 8 mill.

20 — Oenochoé à rouelles. Deux jeunes filles, drapées et affrontées, tenant chacune une ténie.

Haut., 20 cent.

21 — Autre. Variante du même sujet.

Haut., 21 cent.

22 — Petite hydrie à trois anses. Niké drapée et ailée, au vol, portant un coffret et une bandelette. Devant, une corbeille à ouvrage.

Haut., 17 cent.

23 — Beau kanthare, représentant un jeune homme
de face, le pétase sur la nuque, le manteau sur le
bras gauche, un sceptre et un kanthare dans la
main. Il tourne la tête vers un autre jeune homme,
armé d'un glaive et d'une lance et tenant une pa-
tère. Du côté opposé, une jeune fille portant une
aiguière. La scène se passe entre un arbre et une
colonne.

℞ Niké versant une *spondé* à un homme barbu,
appuyé sur un bâton. Derrière, un arbre.

Haut. totale, 17 cent.

24 — Petit cratère. Jeune fille s'enfuyant devant un
jeune homme armé de deux lances, vêtu d'une
chlamyde et portant son pétase suspendu à la nuque.

℞ Homme barbu appuyé sur un bâton.

Haut., 19 cent.

25 — Coupe. Homme barbu et drapé, debout à gauche et tenant à la main droite avancée un lièvre.
LVSIS KALOS.

℞ Scènes palestriques. Ephèbes tenant des
disques, des haltères et des bâtons munis de l'*amen-
tum*. Homme barbu appuyé sur un bâton noueux.
Même légende répétée plusieurs fois. — Beau
style.

Diam., 238 mill.

26 — Magnifique hydrie à trois anses, de la fabrique
de Capoue. Panse cannelée, collier d'épis dorés,
cercles d'or autour des anses, grènetis d'or dans
les oves du rebord. Graffite sous le pied.

Haut , 51 cent.

27 — Lécythe à panse sphérique (Apulie). Femme
assise, à gauche, sur un siège ; de chaque côté, une
jeune fille, dont l'une apporte un coffret ouvert,
pendant que l'autre joue à la balle.

Haut , 25 cent.

28 — Hydrie à trois anses (Apulie). *Scène de bain.*
Eros ailé, debout sur un bassin et portant un
coffret et un balsamaire ; de chaque côté du bassin,
dont le pied est cannelé, une femme nue. Celle de
gauche tient un miroir ; l'autre s'incline devant
Eros en croisant les bras. Devant elle, une draperie déposée sur un cippe. — Peinture rouge,
blanche et jaune sur fond noir.

Haut., 29 cent.

29 — Scyphus à anse nouée. Hermaphrodite, au vol,
entre deux femmes assises qui tiennent des éventails, un coffret, une couronne, etc. Guirlande de
lierre et de korymbes autour du col. Rehauts
blancs et jaunes. — Basilicate.

Haut., 16 cent.

3o — Lécythe. Joueuse de lyre assise, les jambe
croisées, le buste à découvert. Devant elle, une
femme drapée debout, tenant un flambeau. —
Même fabrique.

Haut., 20 cent.

31 — Tasse à deux anses. Sur le couvercle, l'Hermaphrodite au vol entre deux femmes assises, dont
l'une tient un thyrse et un balsamaire. — Même
fabrique.

Diam., 11 cent.

32 — Petite amphore cannelée (fabrique de Gnathia).
Collier de lierre et de korymbes. Anses ornées de
quatre mascarons, dont deux blancs et deux
rouges.

Haut., 22 cent.

TERRES CUITES

I. ITALIE MÉRIDIONALE.

33 — Femme drapée dans un chiton talaire et un himation, sous lesquels se dissimulent les bras. Tête
légèrement tournée de côté, cheveux peints en
rouge et noués en chignon, jambe droite fléchie.
Restes de couleur bleue sur la draperie.

Haut., 26 cent.

2. TANAGRA.

34 — Jeune fille vêtue d'un chiton rose tendre et d'un himation bleu. Le bras gauche porte les pans de la draperie, l'autre est replié sur la poitrine, et la main droite tient un éventail en forme de feuille.

Haut., 17 cent.

35 — Jeune fille drapée, le bras gauche accoudé sur un cippe. Le chiton laisse l'épaule droite à découvert. Jambes croisées, bras droit ramené sur la poitrine. Elle est parée de boucles d'oreilles, et ses cheveux sont colorés de rouge.

Haut., 19 cent.

36 — Jeune fille encapuchonnée dans son manteau. Sa main droite, levée, rajuste le voile ; l'autre, abaissée, tient un éventail. Traces de coloration.

Haut., 17 cent.

37 — Jeune fille drapée dans un chiton aux longues plissures verticales et dans un manteau disposé en écharpe, qui recouvre le bras gauche, appuyé sur la hanche, et l'avant-bras droit. Elle est coiffée d'une opisthosphendoné et parée de boucles d'oreilles. Sa tête se tourne légèrement de côté et sa main droite abaissée tient un éventail en forme de feuille. Ton de chair, cheveux roux, traces de rose tendre sur l'himation et de bleu sur le chiton.

Haut.. 21 cent.

COLLECTION DE MÉDAILLES

ANCIENNES

38 — Phénicie et Judée. 12 pièces, Æ et Br.

39 — Rois de Perse : darique d'or.

40 —   —   deux dariques d'argent.

41 — Rois parthes : Arsace Iᵉʳ à Vologèse VI. 81 pièces, Æ et Br., dont quelques raretés.

42 — Rois sassanides : Sapor Iᵉʳ à Chosroës II. 14 pièces d'argent.

43 — Rois de Bactriane : Eucratide, Apollodote, Ménandre, Hermaeus, Azes, etc. 25 pièces, Æ et Br.

44 — Rois indo-scythes. 4 pièces d'or et 7 br.

45 — Rois d'Égypte. 6 pièces d'argent et 30 br.

46 — Cyrénaïque. 2 pièces d'or.

47 — Rois de Mauritanie. 12 pièces, Æ et br.

48 — Grecques diverses : Panorme en or, etc.

49 — Monnaies romaines. 7 sous d'or de Constance, Théodose, Valentinien Ier, etc.

50 — Plusieurs cartons de romaines en Æ et br.

51 — Monnaies gauloises : Parisii, Atrébates et Arvernes en or, 3 p.

52 — Gauloises diverses en argent et en bronze, 31 p.

53 — Mérovingiennes. 6 tiers de sou d'or et 1 pièce d'argent.

54 — Carlovingiennes, de Charlemagne à Charles le Simple. 17 deniers d'argent.

55 — Hugues-Capet, Philippe Ier, Louis VII et Louis VIII, Philippe II. Deniers et oboles, 20 p. Æ.

56 — Louis IX, Philippe III et Philippe IV : Agnel d'or, gros et maille tournois, 20 p.

57 — Philippe V : Agnel d'or. — Louis X : gros tournois.

58 — Charles IV : Royal d'or et 9 mailles blanches.

59 — Philippe VI : Royal d'or et Chaise d'or, 2 p.

60 — Jean le Bon : Agnel d'or et blanc à la couronne, 5 p.

61 — Charles V : Franc à cheval, Franc à pied, florin d'or, 3 p.

62 — Charles VI : Agnel d'or et 7 écus d'or.

63 —   —   : Patacchina frappée à Gênes, 2 p.

64 — Henri V (d'Angleterre) : Florette.

65 — Henri VI (d'Angleterre) : Salut d'or.

66 — Charles VII : Royal d'or, 2 p.

67 — Louis XI et Charles VIII : 2 demi-écus d'or.

68 — Louis XII : Écu aux porcs-épics, 2 p.

69 —   —   : Écu d'or frappé à Gênes.

70 —   —   : Gros d'argent frappé à Milan.

71 — François Ier : 2 écus d'or, dont l'un pour le Dauphiné. — Teston frappé à Paris.

72 — Henri II : Henri d'or frappé à Rouen.

73 —   —   : 5 testons frappés au moulin et 10 testons frappés au marteau. — Douzain aux croissants, etc., 25 p.

74 — Charles IX : 2 écus d'or, testons, demi-testons et billon, 15 p.

75 — Henri III : Écu d'or, franc et divisions, 20 p.

76 — Charles X (cardinal de Bourbon) et Henri IV : Quart d'écu, demi-franc, testons dont plusieurs pour Navarre et Béarn, deniers tournois, 22 p.

77 — Louis XIII : Jolie médaille du sacre, octobre 1610.

78 — — Louis et demi-louis, 2 p.

79 — Louis XIV : Lis d'or et écu d'or, 2 p.

80 — — Écu d'or et demi-écu d'or, 2 p.

81 — — Écus d'argent et divisions, dont plusieurs frappés à Strasbourg, 30 p.

82 — Louis XV : Demi-louis, écu et divisions, 22 p.

83 — Doges de Venise : 4 sequins d'or de Foscari, Mocenigo et Manin.

84 — Monnaies et médailles lorraines, monnaies françaises et étrangères non cataloguées.

85 — Un beau médaillier en palissandre, à 51 tiroirs.
Haut., 1.62 cent.; larg., 0.94 cent.; prof , 0.39 cent.

FAIENCES DE DELFT

86 — Fabrique de Delft. — Cinq statuettes debout sur des socles rocaille et à décor polychrome. Elles représentent trois hommes et deux femmes musiciens.

87 — Même fabrique. — Deux groupes composés chacun d'un personnage monté sur un cheval passant. Décor polychrome.

88 — Même fabrique. — Deux dessus de brosse ovales, décor polychrome à fleurs, oiseaux et ornements.

89 — Même fabrique. — Vase évasé sur piédouche large à décor bleu, personnages dans des paysages et ornements.

90 — Même fabrique. — Deux vases forme balustre à côtes, décor polychrome à fleurs et ornements.

FAIENCES DIVERSES

91 — Fabrique de Pesaro. — Beau plat rond à décor à reflets métalliques irisés et rehaussé de bleu représentant un buste d'homme et portant une banderole avec inscription.

92 — Fabrique Siculo-arabe. — Deux cornets à décor
à reflets métalliques mordorés rehaussé de bleu à
zones d'ornements et d'inscriptions simulés alter-
nant. Quoique de décor différent ces vases peuvent
se faire pendants.

93 — Même fabrique. — Deux cornets à décor de
feuillages à reflets métalliques rehaussé de bleu.

94 — Fabrique hispano-moresque. — Gran
décor à reflets métalliques et offrant au centre un
écusson armorié.

95 — Fabrique hispano-moresque. —Plat rond à décor
à reflets métalliques mordorés. Au centre, les ar-
mes d'Espagne, et au pourtour, travail de filigrane
régulier.

96 — Fabrique espagnole. — Deux pots de forme
sphérique à décor bleu à sujets de chasse.

97 — Fabrique hispano-moresque. — Vase ovoïde à
ouverture large et décor à réflets métalliques cui-
vreux.

98 — Fabrique espagnole. — Deux vases à ouverture
large sur piédouche, décor bleu à personnages et
ornements.

99 — Fabrique de Rouen. — Chaise percée de forme

carrée à décor bleu, ornements, draperies, groupes
de fleurs et encadrements formés de quadrillages.

100 — Même fabrique. — Cachepot cylindrique à
côtes et décor bleu à lambrequins.

101 —· Même fabrique. — Grand plat rond, décor bleu
à lambrequins.

102 — Même fabrique. — Plat analogue à celui qui
précède, mais plus petit.

103 — Fabrique de Nevers. — Deux bustes d'hommes
grandeur nature avec chlamydes et piédouches à
décor polychrome marbré.

104 — Même fabrique. — Quatre groupes et statuettes
à décors variés représentant des sujets religieux.

105 — Même fabrique. — Plat ovale à cavités au pourtour et offrant au centre le sujet de la Charité en
bas-relief.

106 — Même fabrique. — Gourde à deux anses, têtes
de béliers et décor bleu à sujets champêtres.

107 — Fabrique de Moustiers. — Porte-huilier décor
polychrome à fleurs.

108 — **Fabrique du Midi.** — Cloche à décor bleu, portant à l'intérieur le nom de saint Maxime. Elle a conservé sa monture en bois.

109 — **Fabrique de Strasbourg.** — Deux porte-huilier, modèle bateau, décor polychrome à fleurs et ornements.

110 — **Fabrique espagnole.** — Jatte large et évasée à décor bleu, fleurs et ornements.

111 — **Même fabrique.** — Deux vases à mascarons et ornements en relief et à décor bleu, jaune et violet.

OBJETS VARIÉS

112 — Chope en étain à médaillons, figures allégoriques, mascarons et ornements en relief. L'anse est formée d'enroulements et d'une cariatide. XVIᵉ siècle.

113 — Deux statuettes du temps de Louis XIV, en bronze représentant deux des Muses debout.

114 — Coffret oblong à couvercle en toit, en bois sculpté à armoiries et ornements. Travail de Bagard de Nancy.

115 — Coffret oblong à décor en relief exécuté en pâte sur fond doré. Travail vénitien du xvi⁰ siècle.

116 — Buste en bronze d'empereur romain, grandeur nature, xvi⁰ siècle.

117 — Groupe en ivoire du xv⁰ siècle. La Vierge debout portant l'Enfant Jésus.

118 — Lot d'éventails des époques Louis XV et Louis XVI. Ce lot sera divisé.

119 — Deux petits éventails en ivoire à décor de personnages.

DESSINS, AQUARELLES

CHASSERIAU (Théodore)

120 — *Romulus et Rémus.*

Plume et mine de plomb.

Haut., 3o cent.; larg., 21 cent.

CICERI (Eugène)

121 — *Paysage.*

Gouache ovale.

Haut., 10 cent.; larg., 8 cent.

DAUMIER (Henri)

122 — *Personnage assis, vu en buste.*

Aquarelle.

Haut., 17 cent.; larg., 16 cent.

DAUMIER (H.)

123 — *L'artiste dans son atelier.*

Plume et encre de Chine.

Haut., 25 cent.; larg., 18 cent.

DAUMIER (H.)

124 — *L'Avocat et le Plaignant.*

Belle aquarelle.

Haut., 16 cent.; larg., 23 cent.

DAUMIER (H.)

125 — *Le bel Enfant.*

Plume et encre de Chine.

Haut., 21 cent.; larg., 20 cent.

DAUMIER (H.)

126 — *Mercure les mains dans ses poches.*

Aquarelle.

Haut, 27 cent.; larg., 22 cent.

DAUMIER (H.)

127 — *La rencontre.*

Mine de plomb et encre de Chine.

Haut., 25 cent.; larg., 21 cent

DAUMIER (H.)

128 — *La fuite un jour d'émeute.*

Plume et encre de Chine.

Haut., 16 cent.; larg., 26 cent.

DELACROIX (Eugène)

129 — *Virgile.*

Il est debout, drapé dans un ample manteau. Sur la
gauche, une étude de draperie pour le même personnage.

Beau dessin, plein de caractère.

A la sépia, rehaussé de blanc, sur papier gris.

Étude pour le tableau de la Barque qui est au musée
du Louvre.

Haut., 27 cent.; larg., 18 cent.

DELACROIX (E.)

130 — *Dernières paroles de l'Empereur Marc-
Aurèle.*

Beau et important dessin, à la mine de plomb.

Haut , 22 cent.; larg., 29 cent.

DELACROIX (E.)

131 — *Muley-abd-el-Rahman, Sultan de Maroc, sortant de son palais de Méquinez, entouré de sa Garde.*

Importante composition, au crayon noir.

Haut., 60 cent.; larg., 48 cent.

DELACROIX (E.)

132 — *Arabe monté sur son cheval et fuyant le sabre à la main.*

Étude pour une chasse au lion.
Beau dessin, au crayon noir.

Haut., 30 cent.; larg., 22 cent.

DELACROIX (E.)

133 — *Lion dévorant un Lapin.*

Beau dessin, à la plume.

Haut., 21 cent.; larg., 32 cent.

DELACROIX E.

134 — *Etude de Mer, au pied d'une forteresse.*

Aquarelle des plus intéressantes avec des notes du maître, indiquant l'effet produit par le mouvement des vagues et le scintillement produit par le soleil sur les eaux.
Daté 1852.

Haut., 20 cent.; larg., 31 cent.

DELACROIX (E.)

135 — *Personnage vénitien debout au pied d'un escalier ; à gauche, le corps d'un supplicié.*

Étude pour le sujet de l'Exécution de Marino Faliero. Aquarelle signée et datée 1826.

Haut., 22 cent.; larg., 17 cent.

DELACROIX (E.)

136 — *Soldat turc sur son cheval.*
Aquarelle.

Haut., 19 cent.; larg., 14 cent.

DELACROIX (E.)

137 — *Muley-abd-el-Rahman.*

Croquis au crayon noir, pour le dessin indiqué plus haut.

Haut., 40 cent.; larg., 32 cent.

DELACROIX (E.)

138 — *Exécution de Marino Faliero sur l'escalier du Palais Ducal, à Venise.*

Mine de plomb et sépia.

Haut., 22 cent.; larg., 18 cent.

DELACROIX (E.)

139 — *Femme arabe soignant un soldat blessé.*

Mine de plomb et encre de Chine.

Haut., 18 cent.; larg., 19 cent.

DELACROIX (E.)

140 — *Le Dante.*

En buste, la tête de profil, tournée vers la gauche.

Dessin à l'estompe, rehaussé de blanc, finement exécuté.

Haut., 22 cent.; larg., 19 cent.

DELACROIX (E.)

141 — *Othello et Desdemone.*

Mine de plomb.

Haut.. 25 cent.; larg., 38 cent.

DELACROIX (E.)

142 — *Femmes arabes assises ou accroupies.*

Étude pour le tableau des Femmes d'Alger qui est au
musée du Louvre.

Mine de plomb.

Haut., 21 cent.; larg., 34 cent.

DELACROIX (E.)

*143 — Nègre appuyé contre un mur. Femme
arabe tenant un cruchon.*

Aquarelle.

Haut.. 25 cent.; larg., 19 cent.

DELACROIX (E.)

144 — Arabe accroupi.

Mine de plomb et encre de Chine.

Haut., 31 cent.; larg., 20 cent.

DELACROIX (E.)

145 — Femme moresque debout.

Aquarelle.
Étude pour le tableau du Harem qui est au musée du
Louvre.

Haut., 32 cent.; larg., 21 cent.

DELACROIX (E.)

146 — *Arabe debout; vu à mi-corps.*

Aquarelle.

Haut., 15 cent.; larg., 12 cent.

DELACROIX (E.)

147 — *Soldat à cheval couvert d'une cuirasse, à ses côtés deux jeunes femmes.*

Sépia.

Haut., 19 cent.; larg., 28 cent.

DELACROIX (E.)

148 — *Femme arabe assise.*

Aquarelle.

Haut., 23 cent.; larg., 15 cent.

DELACROIX (E.)

149 — *Cavalier et jeune femme.*

Sépia.

Haut., 22 cent.; larg., 22 cen .

DELACROIX (E.)

150 — *Trois personnages visitant un prisonnier.*

Encre de Chine.

Haut., 18 cent.; larg., 22 cent.

DELACROIX (E.)

151 — *Soldat turc montant sur son cheval qui se cabre.*

Mine de plomb.

Haut., 19 cent.; larg.; 26 cent.

DELACROIX (E.)

152 — *Arabe endormi.*

Plume et crayon noir, sur papier gris.

Haut.. 17 cent.; larg., 24 cent.

DELACROIX (E.)

153 — *Chevalier présenté à deux jeunes femmes.*

Plume et encre de Chine.

Haut., 19 cent.; larg., 26 cent.

DELACROIX (E.)

154 — *Personnage oriental debout, vu de dos.*

Aquarelle.

Haut., 37 cent.; larg., 28 cent.

DELACROIX (E.)

155 — *Plusieurs personnages.*

Croquis pour une composition de Faust et Marguerite
Mine de plomb.

Haut., 26 cent.; larg., 16 cent.

DELACROIX (E.)

156 — *Hôpital militaire.*

Plume.

Haut., 18 cent.; larg., 24 cent.

DELACROIX (E.)

157 — *Tigre rampant.*

Dessin à la plume, daté du 10 août 58.

Haut., 11 cent.; larg., 15 cent.

DELACROIX (E.)

158 — *Tigre prêt à s'élancer sur sa proie.*

Mine de plomb.

Haut., 18 cent:; larg., 26 cent.

DELACROIX (E.)

159 — *Tigre marchant vers la gauche.*

Mine de plomb.

Haut., 13 cent.; larg., 20 cent.

DELACROIX (E.)

160 — *Tigres et Lions.*

Études à la sépia.

Haut., 23 cent.; larg., 32 cent.

DELACROIX (E.)

161 — *Jokey sur un cheval lancé au galop.*

Mine de plomb.

Haut., 18 cent.; larg , 22 cent.

DELACROIX (E.)

162 — *Brigand italien fuyant sur un cheval.*

Encre de Chine.

Haut., 10 cent.; larg., 15 cent..

DELACROIX (E.)

163 — *Etude de cheval.*

Haut. 14 cent.; larg., 21 cent.

DELACROIX (E.)

164 — *Trois études de paysages.*

Aquarelles.

DELACROIX (E.)

165 — *Paysage et intérieur de maisons moresques.*

Quatre aquarelles dans le même cadre.

DELACROIX (E.)

165 *bis* — *Un Album.*

Contenant de nombreux croquis pour les compositions les plus connues du maître, telles que : les Massacres de Scio, les Natchez, la Liberté guidant le peuple, etc., etc.

Tous ces dessins d'Eugène Delacroix proviennent de la vente après le décès de l'artiste, et en portent l'estampille.

DUPRÉ (Jules)

166 — *Les Moulins à vent.*

Fusain, rehaussé de blanc.
Signé : Jules Dupré.

Haut., 27 cent,; larg., 43 cent

GAVARNI

167 — *L'Ouvrier peintre.*

Très belle aquarelle gouachée, pour la série des Parisiens.

Haut., 32 cent. ; larg.. 21 cent.

GAVARNI

168 — *L'Ouvrier boulanger.*

Très belle aquarelle gouachée, pour la série des Parisiens.

Haut., 32 cent.; larg., 21 cent.

GAVARNI

169 — *Jeune Femme en visite.*

Aquarelle.

Haut., 21 cent.; larg., 16 cent.

GAVARNI

170 — *Le Coup de Vent.*

Aquarelle.

Haut., 21 cent.; larg., 16 cent.

GAVARNI

171 — *Le Garçon d'hôtel.*

Aquarelle.

Haut., 21 cent.; larg., 16 cent.

GAVARNI

172 — *En Toilette du matin.*

Aquarelle.

Haut., 21 cent.; larg., 16 cent.

GAVARNI

173 — *En Soirée.*

Aquarelle.

Haut., 21 cent.; larg., 16 cent

GAVARNI

174 — *En robe de chambre.*

Aquarelle.

Haut., 21 cent.; larg., 16 cent.

Ces six dernières aquarelles font partie de la série des personnages de la Vie de bohème.

GÉRICAULT (THÉODORE)

175 — *Villageois en voyage.*

Croquis à la mine de plomb.

Haut. 14 cent.; larg., 12 cent.

GÉRICAULT (Th.)

176 — *Femmes et Enfants assis.*

Croquis à la plume.

Haut., 13 cent ; larg., 21 cent

GÉRICAULT (Th.)

177 — *Femme portant une corbeille.*

A la plume, rehaussé de blanc.

Haut., 15 cent.; larg., 10 cent.

HARPIGNIES (Henri)

178 — *Paysage accidenté.*

Aquarelle.

Haut., 4 cent.; larg., 8 cent.

HARPIGNIES (H.)

179 — Paysage. — Effet d'automne.

Aquarelle.

Haut., 4 cent.; larg., 5 cent.

HARPIGNIES (H.)

180 — Une Clairière.

Aquarelle.

Haut, 11 cent.; larg., 16 cent.

HÉBERT

181 — Jeune Fille d'Ischia portant une cruche.

Fusain rehaussé de blanc.

Haut., 38 cent.; larg., 22 cent.

JOYANT (JULES)

182 — *Maisons vénitiennes.*

Mine de plomb.

Haut., 23 cent.; larg., 35 cent.

LÉVY (ÉMILE)

183 — *Danseuses tenant un tambour de basque.*

A la sanguine, signé et daté 1864.

LÉVY (É.)

184 — *Nymphe jouant de la lyre.*

A l'estompe, signé et daté 1868.

Haut., 34 cent.; larg., 21 cent.

MARILHAT (Prosper)

185 — *Arabes assis. — Mosquée. — Pavillon
moresque. — Etude de bâteaux, etc.*

Six croquis, à la mine de plomb, dans le même cadre.

MILLET (J.-F.)

186 — *La Faneuse.*

Elle est debout tenant une fourche et jetant dans le feu
les brins de paille épars sur le sol. — Dans le fond, un la-
boureur conduisant sa charrue.

Très beau dessin, au crayon noir, rehaussé de blanc,
sur papier bleu.

Signé J.-F. MILLET.

Haut., 39 cent ; larg., 26 cent.

MILLET (J.-F.)

187 — *Maison de Villageois, à Barbizon.*

Crayon noir et estompe.
Signé du monogramme.

Haut., 17 cent.; larg., 25 cent.

MILLET (J.-F.)

188 — *Le Batteur en grange.*

Crayon noir.

Signé du monogramme.

Haut., 18 cent.; larg., 9 cent.

PAPETY

189 — *Paysanne portant des paniers de fruits.*

Fusain, rehaussé de blanc, sur papier teinté.

Haut., 27 cent.; larg., 21 cent.

PAPETY

190 — *Italienne assise.*

Aquarelle.

Haut., 20 cent.; larg., 13 cent.

PIGAL

191 —· *L'Antichambre d'un Ministre.*

Signé et daté 1837.
Sépia.

Haut., 18 cent.; larg., 14 cent.

ROQUEPLAN (Camille)

192 — *Les bords de la Seine.*

Mine de plomb.

Haut., 19 cent.; larg., 26 cent.

ROUSSEAU (Théodore)

193 — *Le Matin.*

Une rivière serpente dans un pays plat et boisé; au premier plan, un terrain marécageux, des animaux se désaltérant dans une mare. Le soleil en partie voilé par les vapeurs du matin.

Beau dessin, au crayon noir, rehaussé de blanc sur papier rosé.

Signé en toutes lettres.

Haut., 23 cent.; larg., 24 cent.

ROUSSEAU (Th.)

194 — *Forêt de Fontainebleau.*

Une mare au bord de laquelle poussent des joncs au milieu de terrains mouvementés; au second plan, des bouquets d'arbres.

Très beau dessin, à la plume.

Signé en toutes lettres.

Haut., 15 cent.; larg., 19 cent.

ROUSSEAU (Th.)

195 — *La Plaine de Chailly.*

Un paysan portant un râteau, chemine dans un sentier qui coupe le paysage fuyant vers la droite.

Mine de plomb.

Haut., 15 cent.; larg., 22 cent.

ROUSSEAU (Th.)

196 — *Arbres et Rochers.*

Au centre, des animaux.

A la mine de plomb, rehaussé de blanc.

Haut., 6 cent.; larg., 10 cent.

ROUSSEAU (Th.)

197 — *Paysage avec Cavalier.*

Plume et sépia.

Haut , 7 1|2 cent.; larg., 21 cent.

ROUSSEAU (Th.)

198 — *La Plaine de Chailly.*

Soleil couchant.
Mine de plomb.

Haut., 10 cent ; larg., 16 cent.

ROUSSEAU (Th.)

199 — *Une Clairière.*

A la plume.

Haut., 11 cent.; larg., 15 cent.

ROUSSEAU (Th.)

200 — *Coteau boisé.*

A la plume, rehaussé de blanc.

Haut., 11 cent.; larg., 15 cent.

ROUSSEAU (Th.)

201 — *Entrée de Village.*

Sur la gauche, des chaumières au bord d'un chemin fuyant vers la droite.

Mine de plomb.

Haut., 7 cent. Larg., 10 cent.

ROUSSEAU (Th.)

202 — *Route ombragée.*

Au centre, un personnage assis.

Mine de plomb.

Haut., 6 cent.; larg , 9 cent.

ROUSSEAU (Tʜ.)

203 — *La Plaine de Barbizon. — Soleil levant.*

Trois villageois se reposant au pied d'un arbre; une vache boit dans un ruisseau.
Fusain, rehaussé de blanc.

Haut., 24 cent.; larg., 35 cent.

ROUSSEAU (Tʜ.)

204 — *Rochers. — Forêt de Fontainebleau.*

Fin dessin, à la mine de plomb.

Haut., 5 cent. Larg., 9 cent.

Ces dessins proviennent de la vente après décès de Théodore Rousseau, dont ils portent l'estampille.

ROYBET

205 — *Les Musiciens.*

Aquarelle, signée.

Haut., 19 cent.; larg., 13 cent.

VOLLON (A.)

206 — *Village au sommet d'une colline.*

Estompe et crayon noir, légèrement coloré de sanguine.

Signé A. VOLLON.

Haut., 20 cent.; larg., 15 cent.

ÉCOLE FRANÇAISE

207 — *Jeunes Filles assises devant une table.*

Sanguine.

Haut., 15 cent.; larg., 19 cent.

ÉCOLE MODERNE

208 — *Conversation dans un salon.*

Encre de Chine.

Haut., 17 cent.; larg., 12 cent.

209 — *Sous ce numéro seront vendus les dessins ou aquarelles omis au présent Catalogue.*

9 782329 534121